RIMAS

Austral Poesía

Gustavo Adolfo Bécquer

RIMAS

Prólogo

Juan de Beatriz

AUSTRAL

Obra editada en colaboración con Editorial Planeta – España

Gustavo Adolfo Bécquer

© 2022, Prólogo: Juan de Beatriz

© 2022, Editorial Planeta, S. A.– Barcelona, España

Derechos reservados

© 2023, Editorial Planeta Mexicana, S.A. de C.V.
Bajo el sello editorial AUSTRAL M.R.
Avenida Presidente Masarik núm. 111,
Piso 2, Polanco V Sección, Miguel Hidalgo
C.P. 11560, Ciudad de México
www.planetadelibros.com.mx

Diseño de la colección: Austral / Área Editorial Grupo Planeta
Imagen de portada: Shutterstock

Primera edición impresa en España en Austral: marzo de 2022
ISBN: 978-84-670-6522-0

Primera edición impresa en México en Austral: abril de 2023
ISBN: 978-607-07-9913-6

Impreso en los talleres de Impresora Tauro, S.A. de C.V.
Av. Año de Juárez 343, colonia Granjas San Antonio, Ciudad de México
Impreso en México – *Printed in Mexico*

BIOGRAFÍA

Gustavo Adolfo Bécquer (1836-1870), poeta español, es una de las figuras más importantes del Romanticismo. Vivió su infancia y adolescencia en Sevilla, donde estudió humanidades y pintura, práctica que abandonó por la literatura al trasladarse a Madrid. Sus inicios fueron difíciles y tuvo que colaborar como periodista y hacer adaptaciones de teatro extranjero para financiar su producción. El éxito le llegó con sus *Leyendas* y los ensayos costumbristas *Cartas desde mi celda*, pero sobre todo gracias a las *Rimas*, que supusieron el punto de partida de la poesía moderna española.

ÍNDICE

RIMAS

BÉCQUER SAMPLEADO

Por Juan de Beatriz

Venga, saquen los libros, por favor, que esto es ya 2.º de Bachillerato, un poco de formalidad, ¿por dónde nos quedamos ayer? Sí, eso era, muchas gracias, el Romanticismo del siglo XIX, ¿verdad? De acuerdo, por ahí íbamos. Entonces, como dijimos ayer, el gran acierto de Federico García Lorca fue leer el Romanticismo con ojos vanguardistas, sí, pero, chicos, ¿alguien se acuerda de qué era el Romanticismo español? ¡Exactamente!, la exaltación del yo, los nacionalismos, Zorrilla, la canción del pirata, Espronceda, muy bien. Entonces, ¿sabríais decirme el nombre de uno de sus mayores representantes?

Paseando entre los pasillos de mesas, leo en los apuntes de un alumno: «*Sturm und Drang*. Exaltación del yo resuelta en individualismo. Sentir trágico de la vida. Exaltación del pueblo (*volkgeist*) resuelta en patriotismo. Refugio en la Edad Media. Fin de la *imitatio*. Los sueños de la razón producen monstruos. Originalidad. Tópico de las ruinas. Escapismo. Surge concepto "li-

13

bro". Escritor más destacado: Gustavo Adolfo Bécquer».
La nota es proustiana magdalena, que activa en mí un
recuerdo. Sigo explicando, pero algo me lleva lejísimos.
Ese alumno, o alumna, soy yo mismo tomando notas hace
más de trece años.

Andaría cursando 1.° o 2.° de la ESO y, al final de una
tarde larga de deberes, me tocaba leer no sé qué poe-
mas escritos por un poeta romántico (romántico, por
antiguo, que no por enamorado, escuché aquel día en
clase) bajo indicación de la profesora de Lengua. Si-
guiendo una pauta muy escolar, pleno de lógica acadé-
mica, abrí por su comienzo mi juvenil edición de las
Rimas. Alumno obediente ante su libro, objeto cuasi
sagrado para mí entonces, empecé leyendo la «Intro-
ducción sinfónica», donde se lee al inicio:

> Por los tenebrosos rincones de mi cerebro, acurruca-
> dos y desnudos, duermen los extravagantes hijos de mi
> fantasía, esperando en silencio que el arte los vista de la
> palabra para poderse presentar decentes en la escena del
> mundo.

No exagero si afirmo que la lectura de aquellas pala-
bras me hizo sentir y querer ser lector, por primera vez
en mi vida. Ya no poeta, que vaya uno a saber qué es
eso, sino lector. El párrafo estaba desgranado de la «In-
troducción sinfónica» (voluntariamente mutilada por
los editores por ser edición joven), impreso en apaisa-
do, ocupando anchurosamente toda la vertical de una
página. Por tanto, había que girar el libro para leer unas
palabras, como venidas de otro planeta y enmarcadas por
una delicada filigrana en crestería acompañada de mo-
tivos medievales, allí puestos, supongamos, para dar gra-

vedad al asunto. Se pretendía con esto un impacto estético, visual, mágico, tal vez, en la tierna conciencia del adolescente. Y conmigo se cumplió con creces. Mi primer contacto con Bécquer, emocionado y febril, fue una suerte de entrada en un ancho bosque extraño, familiar y todo por explorar.

En mi formación como lector, las *Rimas* tuvieron una función similar a la que, algunos años antes, había tenido la lectura de *Manolito Gafotas, Mortadelo y Filemón* o *13, Rue del Percebe*; cómics castellanos, que hoy serían sustituidos por títulos manga como *One Piece* o *Naruto*.[1] Y no hay frivolidad alguna en la comparación, que es muy consciente: Bécquer, Elvira Lindo y el manga. Tal podría ser el cosmos referencial de cualquier alumno hoy día. Bien es sabido que, en la educación cultural del joven, gravitan a la misma altura *Los Simpson* de la comida, el Spiderman del cine o de los sueños, la PlayStation como ocio, Marie Curie templo de inteligencia, Rocío Jurado y un precoz síntoma de nostalgia, muy *tempus fugit*, ya que «pasa la primavera, pasa el verano...» y un *homo viator* llamado Antonio Machado, porque, mamá, cómo era el poema, cómo era «caminante, no hay camino, se hace camino al...».

La alta cultura, en tanto que objeto de elevado valor simbólico, es un signo adulto. Crecer es ir conquistando la verticalidad: unos centímetros más, un título aca-

---

1. Hay en el manga un poderoso caudal literario oriental, expandido gracias al globalismo y a la incorporación del género anime al catálogo de plataformas como Netflix. El manga se ha alzado como un discurso narrativo, que está creando infinidad de lectores jóvenes y que, por consiguiente, no puede ser desatendido o, peor aún, despreciado por nuestros docentes.

démico más, un puesto laboral mejor, un coche más seguro... Todo es inercial y ascendente. El adulto descodifica el mundo, arrojando su vertical escala de valores. En cambio, el niño vive la cultura salvajemente, en la horizontalidad, sin exceso de juicio previo, sin prejuicio simbólico, ni relumbrón, ni pompa. Con este rodeo venía a decir que, aunque, ciertamente, el sevillano fue la puerta por donde entré a la generación del 27 o a la llamada «poesía de la experiencia», antes de esto, Bécquer se llamó Elvira Lindo, Francisco Ibáñez o José Pérez, mi abuelo, amante incansable de la plática, que me regaló la literatura oral. Espero que esta digresión sea un cabo suelto, obvio en apariencia, olvidado casi siempre, para quienes quieran aplicarlo en sus clases, en su casa, en su vida.

Volvamos a esa luna de miel becqueriana. A aquel temprano hallazgo. El asunto fue, decía, que Bécquer se dirigió misteriosamente a mí, hablaba de mí, me interpelaba. Parecía que las Rimas, desde su decimonónico pasado, estuvieran escritas para ser leídas por un adolescente lorquino de trece años que no poseía, ni mucho menos, una sofisticada formación filológica para su honda comprensión. Ese es el poder de los clásicos, supongo: hablarnos de tú a través del tiempo. Pero, en Bécquer, ¿cómo se consigue ese diálogo? Esta pregunta inaugura una de las principales claves interpretativas para acercarnos al sevillano: la sutileza del lenguaje becqueriano. Al igual que Garcilaso y su suave uso del endecasílabo renacentista —ha señalado varias veces la crítica—, Bécquer supo dulcificar el lenguaje poético, podando los excesos de la poesía romántica española. Los gritos de Espronceda, los romances épicos de Zorrilla y las vaporosas atmósferas de Campoamor confluyen en Bécquer, tocan tierra y se convierten en un delicado producto literario, natural y espontáneo, que conecta la poesía española con la modernidad lírica europea, según leemos en el Cernuda de *Estudios sobre poesía española contemporánea*.

Pese a que algunos coetáneos, como Núñez de Arce, criticaron las *Rimas* llamándolas «suspirillos germánicos», su pervivencia ha recorrido toda la poesía del siglo XX. Las *Rimas*, qué duda cabe, son un clásico, en el sentido que otorgó Italo Calvino al término *clásico*: fuente de interpretación inagotable. Asimismo, las *Rimas* también son una obra popular, por cuanto son del pueblo, sabidas por el pueblo y citadas por el pueblo, «procura tú que tus coplas / vayan al pueblo a parar», que decía Manuel Machado. Bécquer, a este hilo, forma parte de ese escaso puñado de poetas que hicieron realidad el consejo de Manuel. Pensemos en García Lorca y su «verde que te quiero verde», en Santa Teresa y el «vivo sin vivir en mí» o en Lope de Vega porque «... quien lo probó lo sabe». Las «golondrinas» que regresan, la «azul pupila» y «los muertos» tan solos para siempre son lírica memoria inseparable de nuestra identidad colectiva.

Probablemente, nos encontramos frente al escritor español más atendido y estudiado después de Cervantes. Cada corriente poética del siglo pasado hizo su particular lectura del poeta, alumbrando varios Bécquer.[2]

---

2. Dejando a un lado los plúmbeos estudios monográficos sobre Bécquer (R. Brown; R. P. Sebold; R. Montesinos), tal vez sea de un mayor interés para el lector la opinión despertada por el sevillano entre los poetas españoles. Así, son clásicos los estudios de Dámaso Alonso, Jorge Guillén, Carlos Bousoño, Gabriel Celaya, Luis

De tal forma, está el Bécquer de la generación del 27, el Bécquer de la generación del 50, el Bécquer de los billetes de 100 pesetas, el Bécquer de Gabinete Caligari, el Bécquer de Amancio Prada, el Bécquer de Dionisia García y el Bécquer de Berta G. Faet, así como también encontramos un Bécquer revisado por la crítica feminista.[3]

Como todo escritor ultracanonizado, en torno a Bécquer gravitan una serie de ideas inerciales y tópicos. No escribo esta pareja de términos negativamente, sino para

---

García Montero o la reciente conferencia de Raquel Lanseros (disponible en YouTube) «Poesía soy yo: la educación literaria del presente a través de Gustavo Adolfo Bécquer». Constituye un síntoma el hecho de que los estudios becquerianos hayan sido realizados en su mayoría por hombres, lo cual ha sedimentado una mirada netamente masculinizada del mismo, que, sin duda, condicionó y condiciona la recepción del autor, descentrando las voces femeninas del mapa general, favoreciendo su mitificación en el imaginario colectivo y asentando ideas maximalistas, que aprecian en Bécquer «el único poeta español del XIX», que escribiera Francisco Umbral (1986) en un artículo de *El País*.

3. Desde los estudios de género, se ha cuestionado el poso patriarcal de algunas de sus rimas más conocidas, como la Rima XXI, «¿Qué es poesía?, dices, mientras clavas...», en la que se construye una imagen idealizada del *tú amado*, estableciendo una dicotomía: 1. Mujer-sujeto pasivo-musa; 2. Hombre-sujeto activo-poeta. Consúltese, sobre este tema, el ensayo *Poesía eres tú... pero yo no quiero ser poesía* (2011), Isabel Navas Ocaña, donde la estudiosa problematiza el proceso de canonización de Bécquer, rastreando las fuentes de algunas de sus obras, algunas de las cuales se hallan muy en deuda con la producción literaria de Carolina Coronado y Gertrudis Gómez de Avellaneda. «[...] Y si vas a decirme / que poesía soy yo / sabe / ángel de amor / corazón de bruma / que poesía soy yo / porque yo soy la pluma», del libro *La edad ligera* (2020, accésit Premio Adonáis), Marta Jiménez Serrano.

reconocer que nombrar a Bécquer supone activar ciertos sentidos cristalizados. Una idea muy extendida, por ejemplo, es la concepción de Bécquer en tanto que poeta exclusivamente amoroso, cuando la mayoría de sus textos debieran ser leídos en clave metapoética. Como buen romántico, el de Sevilla no solo se dirigía a un *tú amado*, que en ciertos lugares también, sino a la esencia misma de la poesía, al destino, al *fatum* trágico. Otro mantra, en torno a Bécquer, ha sido considerarlo el Baudelaire español, por construir ambos una idea contemporánea de poeta, poesía y ciudad. Dicha consideración pertenece, primordialmente, al premio Nobel Juan Ramón Jiménez, quien vio en el hispalense un mito germinal de la poesía española moderna. Más recientemente, Luis García Montero, en *Gigante y extraño* (2001), nos recuerda de forma muy ilustrativa cómo Bécquer convirtió Madrid en su París particular, practicando el *flaneurismo* por La Latina y Lavapiés, a la manera de un Baudelaire castizo, chulapo y gato.[4]

---

4. Es conveniente, a fin de entregar una reedición rigurosa de las *Rimas*, dejar constancia de ese otro Romanticismo menos citado, más invisible, esquivo y huidizo, que representan las escritoras Carolina Coronado, Gertrudis Gómez de Avellaneda, Cecilia Böhl de Faber o Rosalía de Castro, todas ellas coetáneas a Bécquer. La modernidad de nuestra poesía, en cualquier caso, no puede pasar por una sola voz. Las razones, históricas y políticas, de estos reduccionismos son ampliamente conocidas. A quien interese ensanchar la nómina femenina, puede consultar *Escritoras románticas españolas* (1990), Marina Mayoral; *La loca del desván. La escritora y la imaginación literaria del siglo XIX* (1998), Sandra Gilbert y Susan Gubar; *Breve historia feminista de la literatura española. V. La literatura escrita por mujer* (del s. XIX a la actualidad), Iris Zavala (coord.).

Las *Rimas* son paradójico fruto, rara piedra textual. Al igual que *Pedro Páramo*, *Nada* o *El guardián entre el centeno*, este libro ha sido motivo literario suficiente para que aún hoy sigamos leyendo, estudiando y editando a su autor. Nacidas de la reescritura y el recuerdo, pues —leyenda o no—, Bécquer reescribió de memoria el *Libro de los gorriones*, tras extraviarse el original en la revuelta de La Gloriosa (1868). Hay en ellas, sí, algo secreto desde la génesis del manuscrito. Su alumbramiento ya cifra un misterio político, revolucionario, poético. Que el texto fuera traspapelado durante una revolución vincula las *Rimas* secretamente a las estrellas. En las sociedades antiguas, la revolución era expresión del tiempo circular, repetida lógica del caos. Cuando los hombres aceleran y violentan su historia, el orden celeste se desbarata, llega el desastre (en latín *des-astrum*, sin estrella). Las *Rimas*, curiosamente, están atravesadas por el firmamento, «la sed de lo infinito», escribe Bécquer, y así es que puedan leerse como un viaje sideral: «los átomos del iris» (Rima III), «lejana estrella», «astro errante» (Rima V), «invisibles átomos del aire» (Rima X), «atmósfera abrasada» (Rima XX).

El sevillano intuía *algo* desde sus poemas, ese *algo* que se le oculta a los modelos teóricos de la física moderna cuando tratan de explicar el universo. A tales niveles de complejidad, la ciencia es pura especulación, filosofía, prospección, poesía. Todas las disciplinas del hombre le son escasas. Catherine Heymans, respetada astrofísica británica, afirma que solo conocemos una ínfima porción de la realidad (5% materia ordinaria), el resto se nos escapa (23 % materia oscura, 72 % energía oscura). «Lo visible es un adorno de lo invisible», escribe el argentino Roberto Juarroz. Mientras que la mamífera inteligencia choca, impotente, contra el muro de los misterios, la palabra poética señala, propone y canta donde nuestra razón no llega. En este sentido, la poética becqueriana se convierte en una exploración de lo invisible, escritura vertical, antiguo tanteo. Bécquer nos sirve, aquí, como perfecta excusa para mostrar en qué medida la ciencia justifica la existencia de la poesía, «*logos* poético» (Zambrano), ese «no saber» que *algo* sabe y *algo* intuye. «Nosotros somos para el cosmos y no al revés», anotó Iris Murdoch. Meditemos esta cita con San Juan bajo el brazo y su «entréme donde no supe / y quedéme no sabiendo...»:

> *por eso quien lo sabía*
> *queda siempre no sabiendo*
> *toda sciencia trascendiendo.*

Repasemos: *Libro de los gorriones,* firmamento, estrella, cosmos, La Gloriosa (1868), caos, memoria, reescritura, revolución, desastre, no astro, no saber, «la sed de lo infinito» y un tanteo. Asegura José Ángel Valente, en *Variaciones sobre el pájaro y la red,* que existe una relación entre la poesía y el canto de los pájaros, pues poeta y pájaro comparten una experiencia límite del lenguaje: lo indecible, lo balbuciente. La etimología de «bárbaro» procede de la aglutinación de *bar-bar-bar,* como imitación fónica de algo incomprensible semejante al gorjeo del pájaro. En esa zona limítrofe, donde el sentido se gesta y se destruye, nace el poema. Se entiende ahora por qué, en la «Carta III» de *Desde mi celda,* escribió Bécquer: «Yo soñaba una vida dichosa, semejan-

21

te a la del pájaro, que nace para cantar». El gorrión de Bécquer es pájaro casi y cualquiera que haya practicado el silencio, paseando por bosques o parques, sabe que todo pájaro canta como si estuviera a punto de romper a hablar.

Aseguraba Paco Umbral que gracias a sus biografías algunos nombres de nuestras letras (Valle Inclán, Lorca, Larra) estaban más vivos que nunca. Dudo que nuestra introducción haya revivido al sevillano. Más sencillo, menos ambicioso quizá, uno bien se conformaría con ser antesala digna a este mítico texto, con animar a que cualquiera, tras culminar la obra, desee por primera vez sentirse y ejercer de lector en el mundo, integrar esa extraña comunidad de solitarios o volver a ser de nuevo aquel alumno que toma notas y aprende el nombre de Bécquer.

Porque quién sabe qué cosa late en las *Rimas*, qué oscuro azar o hechizo bueno hay debajo de sus tropos, símbolos, palabras y signos, para que la historia haya querido llevarlas hasta nosotros. Qué himno, viaje o sinfonía las conserva, todavía hoy, lo desconozco mientras las explico.

Santa Cruz de Tenerife,
diciembre de 2021

NOTA EDITORIAL

Reproducimos en este volumen el texto de la edición de Francisco López Estrada y M.ª Teresa López García-Berdoy (*Rimas y Leyendas*, Austral, 2010).

Para la presente edición, más sencilla, hemos considerado oportuno eliminar las notas de carácter exegético. No obstante, hemos querido mantener las referentes al léxico porque allanan el camino de acceso a los poemas.

En lo que respecta a la ordenación de las *Rimas*, seguimos asimismo el criterio empleado por los editores de dicho volumen, es decir, se mantiene el orden fijado en la edición de 1871 y se indica entre paréntesis y números arábigos la posición que ocupaba la rima correspondiente en el manuscrito que dejó Bécquer, fechado el 17 de junio de 1868, y titulado *Libro de los gorriones*. Al final se incluyen tres rimas, la 44, 48 y 55, que figuraban en el *Libro de los gorriones* pero no en la edición de 1871, y que Francisco López Estrada y M.ª Teresa López García-Bedoy tuvieron a bien incluir en su edición de la obra.

Mantenemos también, siguiendo la edición de Austral de 2010, en cursiva y antes de cada una de las cuatro secciones del libro, los fragmentos del prólogo que Rodríguez Correa, amigo del poeta, escribió para la edición de 1871. Del mismo modo conservamos, encerrados entre corchetes antes del inicio de las poesías, los epígrafes del propio Bécquer que acompañaron alguna de las *Rimas*.

RIMAS

INTRODUCCIÓN SINFÓNICA

Por los tenebrosos rincones de mi cerebro, acurrucados y desnudos, duermen los extravagantes hijos de mi fantasía, esperando en silencio que el arte los vista de la palabra para poderse presentar decentes en la escena del mundo.

Fecunda, como el lecho de amor de la miseria, y parecida a esos padres que engendran más hijos de los que pueden alimentar, mi musa concibe y pare en el misterioso santuario de la cabeza, poblándola de creaciones sin número, a las cuales ni mi actividad ni todos los años que me restan de vida serían suficientes a dar forma.

Y aquí dentro, desnudos y deformes, revueltos y barajados en indescriptible confusión, los siento a veces agitarse y vivir con una vida oscura y extraña, semejante a la de esas miríadas de gérmenes[1] que hierven y se estremecen en una eterna incubación dentro de las entra-

---

1. Expresión que pretende ser científica. Miríadas, «grandes cantidades»; gérmenes, «formas primitivas de vida, aún sin forma».

ñas de la tierra, sin encontrar fuerzas bastantes para salir a la superficie y convertirse, al beso del sol, en flores y frutos.

Conmigo van, destinados a morir conmigo, sin que de ellos quede otro rastro que el que deja un sueño de la media noche, que a la mañana no puede recordarse. En algunas ocasiones, y ante esta idea terrible, se subleva en ellos el instinto de la vida y, agitándose en terrible aunque silencioso tumulto, buscan en tropel por donde salir a la luz, de las tinieblas en que viven. Pero, ¡ay, que entre el mundo de la idea y el de la forma existe un abismo que solo puede salvar la palabra; y la palabra, tímida y perezosa, se niega a secundar sus esfuerzos! Mudos, sombríos e impotentes, después de la inútil lucha vuelven a caer en su antiguo marasmo; tal caen inertes en los surcos de las sendas, si cae el viento, las hojas amarillas que levantó el remolino.

Estas sediciones de los rebeldes hijos de la imaginación explican algunas de mis fiebres: ellas son la causa, desconocida para la ciencia, de mis exaltaciones y mis abatimientos. Y así, aunque mal, vengo viviendo hasta aquí: paseando por entre la indiferente multitud esta silenciosa tempestad de mi cabeza. Así vengo viviendo, pero todas las cosas tienen un término, y a estas hay que ponerles punto.

El insomnio y la fantasía siguen y siguen procreando en monstruoso maridaje[2] sus creaciones, apretadas ya, como las raquíticas plantas de un vivero, pugnan por

2. «Unión de dos cosas, como si fuera la del matrimonio»; pero aquí se toma en mal sentido, como «contubernio, enredo ilícito.»

dilatar su fantástica existencia, disputándose los átomos de la memoria como el escaso jugo de una tierra estéril. Necesario es abrir paso a las aguas profundas, que acabarán por romper el dique, diariamente aumentadas por un manantial vivo.

¡Andad, pues! Andad y vivid con la única vida que puedo daros. Mi inteligencia os nutrirá lo suficiente para que seáis palpables. Os vestirá, aunque sea de harapos, lo bastante para que no avergüence vuestra desnudez. Yo quisiera forjar para cada uno de vosotros una maravillosa estofa[3] tejida de frases exquisitas, en las que os pudierais envolver con orgullo como en un manto de púrpura. Yo quisiera poder cincelar la forma que ha de conteneros, como se cincela el vaso de oro que ha de guardar un preciado perfume. ¡Mas es imposible!

No obstante, necesito descansar: necesito, del mismo modo que se sangra el cuerpo por cuyas hinchadas venas se precipita la sangre con pletórico empuje, desahogar el cerebro, insuficiente a contener tantos absurdos.

Quedad, pues, consignados aquí, como la estela nebulosa que señala el paso de un desconocido cometa, como los átomos[4] dispersos de un mundo en embrión que avienta por el aire la muerte antes que su Creador haya podido pronunciar el *fiat lux*[5] que separa la claridad de las sombras.

3. Tela o tejido de labores, por lo común de seda.
4. Aquí, fragmentos pequeños, apenas huellas de la vida.
5. «Hágase la luz»; es la frase bíblica del Génesis 1, 3, con la cual Dios comenzó la creación del mundo.

No quiero que en mis noches sin sueño volváis a pasar por delante de mis ojos en extravagante procesión, pidiéndome con gestos y contorsiones que os saque a la vida de la realidad del limbo[6] en que vivís, semejantes a fantasmas sin consistencia. No quiero que al romperse este arpa vieja —y cascada ya— se pierdan a la vez que el instrumento las ignoradas notas que contenía. Deseo ocuparme un poco del mundo que me rodea, pudiendo, una vez vacío, apartar los ojos de este otro mundo que llevo dentro de la cabeza. El sentido común, que es la barrera de los sueños, comienza a flaquear, y las gentes de diversos campos se mezclan y confunden. Me cuesta trabajo saber qué cosas he soñado y cuáles me han sucedido: mis afectos se reparten entre fantasmas de la imaginación y personajes reales: mi memoria clasifica revueltos, nombres y fechas de mujeres y días que han muerto o han pasado con los de días y mujeres que no han existido sino en mi mente. Preciso es acabar arrojándoos de la cabeza de una vez para siempre.

Si *morir es dormir*, quiero dormir en paz en la noche de la muerte sin que vengáis a ser mi pesadilla, maldiciéndome por haberos condenado a la nada antes de haber nacido. Id, pues, al mundo a cuyo contacto fuisteis engendrados, y quedad en él como el eco que encontraron en un alma que pasó por la tierra, sus alegrías y sus dolores, sus esperanzas y sus luchas.

Tal vez muy pronto tendré que hacer la maleta para el gran viaje; de una hora a otra puede desligarse el espíritu de la materia para remontarse a regiones más puras.

6. Lugar a donde van las almas de los que mueren sin bautismo antes del uso de la razón.

No quiero, cuando esto suceda, llevar conmigo, como el abigarrado equipaje de un saltimbanqui[7] el tesoro de oropeles[8] y guiñapos que ha ido acumulando la fantasía en los desvanes del cerebro.

7. «Acróbata o equilibrista modesto, que se gana la vida de pueblo en pueblo.»
8. «Latones que imitan el oro.»

I

Todas las Rimas *de Gustavo forman, como el* Intermezzo *de Heine, un poema, más ancho y completo que aquel, en que se encierra la vida de un poeta.*

Son, primero, las aspiraciones de un corazón ardiente, que busca en el arte la realización de sus deseos, dudando de su destino... Siéntese poeta...

(Rodríguez Correa).

I
(11)

Yo sé un himno gigante y extraño
que anuncia en la noche del alma una aurora,
y estas páginas son de ese himno
cadencias que el aire dilata en las sombras.

Yo quisiera escribirle, del hombre
domando el rebelde, mezquino idioma,

con palabras que fuesen a un tiempo
suspiros y risas, colores y notas.

Pero en vano es luchar, que no hay cifra[9]
capaz de encerrarle; y apenas, ¡oh, hermosa!,
si, teniendo en mis manos las tuyas,
pudiera, al oído, cantártelo a solas.

II
(15)

Saeta que voladora
cruza, arrojada al azar,
y que no se sabe dónde
temblando se clavará;

hoja que del árbol seca
arrebata el vendaval,
sin que nadie acierte el surco
donde al polvo volverá;

gigante ola que el viento
riza y empuja en el mar,
y rueda y pasa, y se ignora
qué playa buscando va;

luz que en cercos[10] temblorosos
brilla, próxima a expirar,

9. «Cifra» en el sentido de símbolo representativo.
10. Destellos que rodean una estrella o llamas oscilantes que
rodean un fuego de chimenea a punto de apagarse.

y que no se sabe de ellos
cuál el último será;

eso soy yo, que al acaso
cruzo el mundo sin pensar
de dónde vengo ni a dónde
mis pasos me llevarán.

III
(42)

Sacudimiento extraño
que agita las ideas,
como huracán que empuja
las olas en tropel;[11]

Murmullo que en el alma
se eleva y va creciendo,
como volcán que sordo
anuncia que va a arder;

Deformes siluetas
de seres imposibles;
paisajes que aparecen
como al través de un tul;[12]

11. «Atropelladamente, unas olas encima de las otras.»
12. Tul: «tejido de tela fina, reticulado, a través del cual puede verse lo que cubre». Lo cita Bécquer como una tela propia de las mujeres elegantes.

Colores que fundiéndose
remedan en el aire
los átomos[13] del iris
que nadan en la luz;

Ideas sin palabras,
palabras sin sentido;
cadencias[14] que no tienen
ni ritmo ni compás;

Memorias y deseos
de cosas que no existen;
accesos de alegría,
impulsos de llorar;

Actividad nerviosa
que no halla en qué emplearse;
sin riendas que le guíen,
caballo volador;

Locura que el espíritu
exalta y desfallece;
embriaguez divina
del genio creador...
Tal es la inspiración.

13. En la época de Bécquer los átomos eran las pequeñas motas de polvo que flotan en el aire y que son visibles cuando entra un rayo de sol en una habitación oscura; aquí se refiere a las partes pequeñas del agua de la lluvia que forman el arcoíris.

14. «Reunión de sonidos armoniosos en el curso de la música.»

Gigante voz que el caos
ordena en el cerebro
y entre las sombras hace
la luz aparecer;

   Brillante rienda de oro
que poderosa enfrena
de la exaltada mente
el volador corcel;

   Hilo de luz que en haces[15]
los pensamientos ata;
sol que las nubes rompe
y toca en el zenít;[16]

   Inteligente mano
que en un collar de perlas
consigue las indóciles
palabras reunir;

   Armonioso ritmo
que con cadencia y número[17]
las fugitivas notas
encierra en el compás;

   Cincel que el bloque muerde
la estatua modelando,

15. Grupos de mieses, hierbas, leña, etc., atadas con cuerdas o ramas.
16. Término de la astronomía que designa el punto del cielo que corresponde en lo alto a un punto determinado de la Tierra.
17. «Reunión armoniosa de los sonidos en espacios semejantes.»

y la belleza plástica
añade a la ideal;

Atmósfera en que giran
con orden las ideas,
cual átomos que agrupa
recóndita atracción;

Raudal[18] en cuyas ondas
su sed la fiebre apaga;
oasis que al espíritu
devuelve su vigor...
Tal es nuestra razón.

Con ambas siempre en lucha,
y de ambas vencedor,
tan solo el genio es dado
a un yugo[19] atar las dos.

IV
(39)

No digáis que, agotado su tesoro,
de asuntos falta, enmudeció la lira;
podrá no haber poetas, pero siempre
habrá poesía.

18. «Corriente de agua de curso rápido y abundante.»
19. «Pieza rústica de madera con la que se unen a pares las mulas y los bueyes para empujar el arado.»

Mientras las ondas de la luz al beso
palpiten encendidas,
mientras el sol las desgarradas nubes
de fuego y oro vista,
mientras el aire en su regazo lleve
perfumes y armonías,
mientras haya en el mundo primavera,
¡habrá poesía!

Mientras la ciencia a descubrir no alcance
las fuentes de la vida,
y en el mar o en el cielo haya un abismo
que al cálculo resista,
mientras la humanidad siempre avanzando
no sepa a dó camina,
mientras haya un misterio para el hombre,
¡habrá poesía!

Mientras se sienta que se ríe el alma,
sin que los labios rían;
mientras se llore, sin que el llanto acuda
a nublar la pupila;
mientras el corazón y la cabeza
batallando prosigan,
mientras haya esperanzas y recuerdos,
¡habrá poesía!

Mientras haya unos ojos que reflejen
los ojos que los miran,
mientras responda el labio suspirando
al labio que suspira,
mientras sentirse puedan en un beso
dos almas confundidas,

mientras exista una mujer hermosa,
¡habrá poesía!

V
(62)

Espíritu sin nombre,
indefinible esencia,
yo vivo con la vida
sin formas de la idea.

Yo nado en el vacío,
del sol tiemblo en la hoguera,
palpito entre las sombras
y floto con las nieblas.

Yo soy el fleco de oro
de la lejana estrella,
yo soy de la alta luna
la luz tibia y serena.

Yo soy la ardiente nube
que en el ocaso ondea,
yo soy del astro errante
la luminosa estela.

Yo soy nieve en las cumbres,
soy fuego en las arenas,
azul onda en los mares
y espuma en las riberas.

En el laúd, soy nota,
perfume en la violeta,
fugaz llama en las tumbas
y en las ruinas, yedra.

Yo atrueno en el torrente
y silbo en la centella,[20]
y ciego en el relámpago
y rujo en la tormenta.

Yo río en los alcores,[21]
susurro en la alta yerba,
suspiro en la onda pura,
y lloro en la hoja seca.

Yo ondulo con los átomos[22]
del humo que se eleva
y al cielo lento sube
en espiral inmensa.

Yo, en los dorados hilos
que los insectos cuelgan,
me mezco entre los árboles
en la ardorosa siesta.

Yo corro tras las ninfas[23]
que, en la corriente fresca

20. Suele llamarse centella a la exhalación eléctrica entre nubes.
21. «Cerros y montes bajos.»
22. Esta vez lo aplica a las partículas de carbón de fuegos.
23. Deidades mitológicas de la Antiguedad, de los bosques y los ríos.

del cristalino arroyo,
desnudas juguetean.

Yo, en bosques de corales
que alfombran blancas perlas,
persigo en el océano
las náyades[24] ligeras.

Yo, en las cavernas cóncavas
do el sol nunca penetra,
mezclándome a los gnomos,[25]
contemplo sus riquezas.

Yo busco de los siglos
las ya borradas huellas,
y sé de esos imperios
de que ni el nombre queda.

Yo sigo en raudo vértigo
los mundos que voltean,
y mi pupila abarca
la creación entera.

Yo sé de esas regiones
a do un rumor no llega,
y donde informes astros
de vida un soplo esperan.

24. En la mitología clásica, ninfas de las aguas.
25. En la mitología nórdica, «seres que viven y trabajan en las honduras de la tierra».

Yo soy sobre el abismo
el puente que atraviesa,
yo soy la ignota escala
que el cielo une a la tierra.

Yo soy el invisible
anillo que sujeta
el mundo de la forma
al mundo de la idea.

Yo, en fin, soy ese espíritu,
desconocida esencia,
perfume misterioso
de que es vaso el poeta.

VI
(57)

Como la brisa que la sangre orea
sobre el oscuro campo de batalla,
cargada de perfumes y armonías
en el silencio de la noche vaga;

Símbolo del dolor y la ternura,
del bardo inglés en el horrible drama,
la dulce Ofelia, la razón perdida,
cogiendo flores y cantando pasa.

VII
(13)

Del salón en el ángulo oscuro,
de su dueña tal vez olvidada,
silenciosa y cubierta de polvo,
    veíase el arpa.
¡Cuánta nota dormía en sus cuerdas,
como el pájaro duerme en las ramas,
esperando la mano de nieve
    que sabe arrancarlas!

¡Ay! —pensé— ¡cuántas veces el genio
así duerme en el fondo del alma,
y una voz, como Lázaro, espera
que le diga «¡Levántate y anda!».

VIII
(25)

Cuando miro el azul horizonte
    perderse a lo lejos,
al través de una gasa[26] de polvo
    dorado e inquieto,
me parece posible arrancarme
    del mísero suelo
y flotar con la niebla dorada
    en átomos leves,
    cual ella deshecho.

26. «Tela de tejido claro en su trama», referido aquí a la leve-
dad que él observa en el espectáculo natural.

Cuando miro de noche en el fondo
oscuro del cielo
las estrellas temblar como ardientes
pupilas de fuego,
me parece posible a do brillan
subir en un vuelo
y anegarme en su luz, y con ellas
en lumbre encendido
fundirme en un beso.

En el mar de la duda en que bogo
ni aún sé lo que creo;
sin embargo estas ansias me dicen
que yo llevo algo
divino aquí dentro.

IX
(27)

Besa el aura[27] que gime blandamente
las leves ondas que jugando riza;
el sol besa a la nube en occidente,
y de púrpura[28] y oro la matiza;
la llama, en derredor del tronco ardiente,
por besar a otra llama se desliza;
y hasta el sauce, inclinándose a su peso,
al río que le besa, vuelve un beso.

27. «Viento suave y refrescante.»
28. «Color rojo fuerte, hacia violeta.»

X
(46)

«Su gozo [el de Bécquer] era fugaz
como el tránsito de los días primave-
rales, una ilusión, un desvanecimien-
to de un instante...»

Narciso Campillo, artículo
necrológico del poeta, *La Ilustración
de Madrid*, 15 de enero de 1871.

Los invisibles átomos del aire
en derredor palpitan y se inflaman,
el cielo se deshace en rayos de oro,
la tierra se estremece alborozada.

Oigo, flotando en olas de armonías,
rumor de besos y batir de alas;
mis párpados se cierran... —¿Qué sucede?
¿Dime?
         —¡Silencio! ¡Es el amor que pasa!

XI
(51)

—Yo soy ardiente, yo soy morena,
yo soy el símbolo de la pasión;
de ansia de goces mi alma está llena;
¿A mí me buscas?
                —No es a ti, no.

—Mi frente es pálida, mis trenzas de oro;
puedo brindarte dichas sin fin;
yo de ternura guardo un tesoro:
¿A mí me llamas?
                    —No, no es a ti.

—Yo soy un sueño, un imposible,
vano fantasma de niebla y luz;
soy incorpórea, soy intangible;
no puedo amarte.
                    —¡Oh, ven, ven tú!

II

*No encontrando realizada su ilusión en la gloria, vuélvese
espontáneamente hacia el amor, realismo del arte, y se en-
trega a él y goza un momento, y sufre y llora, y desespera
largos días, porque es condición humana, indiscutible, como
un hecho consumado, que el goce menor se paga aquí con los
sufrimientos más atroces. Anúnciase esta nueva fase en la
vida del poeta con la magnífica composición que, no sé por
qué, me recuerda la atrevida manera de decir de Dante: «Los
invisibles átomos del aire...». [Rima X] Sigue luego desen-
volviéndose el tema de una pasión profunda, tan sentida
como espontánea. Una mujer hermosa, tan naturalmente
hermosa que [...] conmueve y fija el corazón del poeta, que
se abre al amor, olvidándose de cuanto le rodea. La pasión
es desde su principio inmensa, avasalladora, y con razón
puesto que se ve correspondida, o, al menos, parece satis-
fecha del objeto que le inspira: una mujer hermosa, aun-
que sin otra buena cualidad, porque es ingrata y estúpida.*

(Rodríguez Correa).

XII
(79)

Porque son, niña, tus ojos
verdes como el mar, te quejas;
verdes los tienen las náyades,[29]
verdes los tuvo Minerva,[30]
y verdes son las pupilas
de las *hourís*[31] del Profeta.

El verde es gala y ornato
del bosque en la primavera;
entre sus siete colores
brillante el iris[32] lo ostenta;
las esmeraldas son verdes;
verde el color del que espera,
y las ondas del océano
y el laurel de los poetas.

*

Es tu mejilla temprana
rosa de escarcha[33] cubierta,
en que el carmín de los pétalos
se ve al través de las perlas.

29. «Las ninfas de las aguas.»
30. Conviene esta diosa con los fines del poeta porque era la diosa de la sabiduría y fue protectora de sabios y artistas.
31. *Hurí*, palabra de origen árabe, tomada a través del francés *houri*: las hermosas mujeres que esperan a los bienaventurados en la religión islámica. Se españolizó como *hurí*.
32. El arcoíris.
33. «Rocío congelado por el frío de la noche.»

Y, sin embargo,
sé que te quejas
porque tus ojos
crees que la afean,
pues no lo creas,

que parecen sus pupilas
húmedas, verdes e inquietas,
tempranas hojas de almendro
que al soplo del aire tiemblan.

*

Es tu boca de rubíes
purpúrea granada abierta
que en el estío convida
a apagar la sed con ella.

Y, sin embargo,
sé que te quejas
porque tus ojos
crees que la afean,
pues no lo creas,

que parecen, si enojada
tus pupilas centellean,
las olas del mar que rompen
en las cantábricas peñas.

*

Es tu frente que corona,
crespo[34] el oro en ancha trenza,
nevada cumbre en que el día
su postrera luz refleja.

Y, sin embargo,
sé que te quejas
porque tus ojos
crees que la afean,
pues no lo creas,

que, entre las rubias pestañas,
junto a las sienes semejan
broches de esmeralda y oro
que un blanco armiño[35] sujetan.

*

Porque son, niña, tus ojos
verdes como el mar te quejas;
quizás, si negros o azules
se tornasen, lo sintieras.

XIII
(29)

[Imitación de Byron]

Tu pupila es azul y, cuando ríes,
su claridad suave me recuerda

34. «Ensortijado, rizado.»
35. «La piel de este animal, blanca y muy suave y delicada.»

el trémulo fulgor de la mañana
que en el mar se refleja.

Tu pupila es azul y, cuando lloras,
las trasparentes lágrimas en ella
se me figuran gotas de rocío
sobre una violeta.

Tu pupila es azul y, si en su fondo
como un punto de luz radia una idea,
me parece en el cielo de la tarde
una perdida estrella.

XIV
(72)

Te vi un punto[36] y, flotando ante mis ojos,
la imagen de tus ojos se quedó,
como la mancha oscura orlada en fuego
que flota y ciega si se mira al sol.

Adondequiera que la vista clavo,
torno a ver las pupilas llamear,
mas no te encuentro a ti, que es tu mirada,
unos ojos, los tuyos, nada más.

De mi alcoba en el ángulo los miro
desasidos fantásticos lucir;
cuando duermo los siento que se ciernen,
de par en par abiertos sobre mí.

36. «Medida mínima de tiempo, un instante.»

Yo sé que hay fuegos fatuos[37] que en la noche
llevan al caminante a perecer;
yo me siento arrastrado por tus ojos,
pero adónde me arrastran, no lo sé.

XV
(60)

[Tú y yo.
             Melodía.]

Cendal[38] flotante de leve bruma,
rizada cinta de blanca espuma,
          rumor sonoro
          de arpa de oro,
beso del aura, onda de luz:
          eso eres tú.

Tú, sombra aérea, que cuantas veces
voy a tocarte, te desvaneces
¡como la llama, como el sonido,
como la niebla, como el gemido
          del lago azul!

En mar sin playas onda sonante,
en el vacío cometa errante,
          largo lamento
          del ronco viento,

37. «Llamitas vagantes por el aire, resultado de los gases de la putrefacción.»
38. «Tela muy fina, transparente, de hilo y seda.»

ansia perpetua de algo mejor:
              ¡eso soy yo!

    Yo, que a tus ojos, en mi agonía,
los ojos vuelvo de noche y día;
yo, que incansable corro, y demente,
¡tras una sombra, tras la hija ardiente
              de una visión!

                    XVI
                   (43)

                 [Serenata]

    Si al mecer las azules campanillas
              de tu balcón,
crees que suspirando pasa el viento
              murmurador,
sabe que, oculto entre las verdes hojas,
              suspiro yo.

    Si al resonar confuso a tus espaldas
              vago rumor,
crees que por tu nombre te ha llamado
              lejana voz,
sabe que, entre las sombras que te cercan,
              te llamo yo.

    Si se turba medroso[39] en la alta noche
              tu corazón,

39. «Asustado, que siente miedo.»

al sentir en tus labios un aliento
abrasador,
sabe que, aunque invisible, al lado tuyo,
respiro yo.

XVII
(50)

Hoy la tierra y los cielos me sonríen,
hoy llega al fondo de mi alma el sol,
hoy la he visto... La he visto y me ha mirado...
¡Hoy creo en Dios!

XVIII
(6)

Fatigada del baile,
encendido el color, breve el aliento,
apoyada en mi brazo,
del salón se detuvo en un extremo.

Entre la leve gasa[40]
que levantaba el palpitante seno,
una flor se mecía
en compasado y dulce movimiento.

40. Tela propia para los trajes de baile, por su sutileza (véase
Rima VIII).

Como en cuna de nácar
que empuja el mar y que acaricia el céfiro,[41]
dormir parecía al blando
arrullo de sus labios entreabiertos.

¡Oh, quién así —pensaba—
dejar pudiera deslizarse el tiempo!
¡Oh, si las flores duermen,
qué dulcísimo sueño!

XIX
(52)

Cuando sobre el pecho inclinas
la melancólica frente,
una azucena tronchada
me pareces.

Porque al darte la pureza
de que es símbolo celeste,
como a ella te hizo Dios
de oro y nieve.

XX
(37)

Sabe, si alguna vez tus labios rojos
quema invisible atmósfera abrasada,

41. Viento cálido de poniente, propio del Mediterráneo, pero
que aquí vale para brisa, viento leve y grato, sople de donde sople.

que el alma que hablar puede con los ojos,
también puede besar con la mirada.

XXI
(21)

—¿Qué es poesía?, dices, mientras clavas
en mi pupila tu pupila azul,
¡Qué es poesía...! ¿Y tú me lo preguntas?
Poesía... eres tú.

XXII
(19)

¿Cómo vive esa rosa que has prendido
junto a tu corazón?
Nunca hasta ahora contemplé en el mundo
junto al volcán la flor.

XXIII
(22)

[A ella. No sé...]

Por una mirada, un mundo;
por una sonrisa, un cielo;
por un beso... ¡Yo no sé
qué te diera por un beso!

XXIV
(33)

[Dos y uno]

Dos rojas lenguas de fuego
que a un mismo tronco enlazadas
se aproximan, y, al besarse,
forman una sola llama;

dos notas que del laúd
a un tiempo la mano arranca,
y en el espacio se encuentran
y armoniosas se abrazan;

dos olas que vienen juntas
a morir sobre una playa
y que, al romper, se coronan
con un penacho de plata;[42]

dos jirones[43] de vapor
que del lago se levantan
y, al juntarse allá en el cielo,
forman una nube blanca;

dos ideas que al par brotan;
dos besos que a un tiempo estallan;
dos ecos que se confunden;
eso son nuestras dos almas.

---

42. «Adorno de plumas que hermosea el casco o la cabeza»,
muy visto en la pintura histórica de la época.
43. «Pedazos desgarrados de una ropa o un vestido.»

XXV
(31)

Cuando en la noche te envuelven
las alas de tul[44] del sueño
y tus tendidas pestañas
semejan arcos de ébano,
por escuchar los latidos
de tu corazón inquieto
y reclinar tu dormida
cabeza sobre mi pecho,
  diera, alma mía,
  cuanto poseo:
  ¡la luz, el aire
  y el pensamiento!

Cuando se clavan tus ojos
en un invisible objeto
y tus labios ilumina
de una sonrisa el reflejo,
por leer sobre tu frente
el callado pensamiento
que pasa como la nube
del mar sobre el ancho espejo,
  diera, alma mía,
  cuanto deseo:
  ¡la fama, el oro,
  la gloria, el genio!

44. La tela más apreciada para los trajes de las mujeres por su transparencia.

Cuando enmudece tu lengua
y se apresura tu aliento
y tus mejillas se encienden
y entornas tus ojos negros,
por ver entre sus pestañas
brillar con húmedo fuego
la ardiente chispa que brota
del volcán de los deseos,
    diera, alma mía,
    por cuanto espero,
    la fe, el espíritu,
    la tierra, el cielo.

XXVI
(7)

Voy contra mi interés al confesarlo;
    pero yo, amada mía,
pienso, cual tú, que una oda solo es buena
de un billete del Banco al dorso escrita.
No faltará algún necio que al oírlo
    se haga cruces[45] y diga:
—Mujer, al fin, del siglo diez y nueve,
material y prosaica... ¡Boberías!

Voces que hacen correr cuatro poetas
que en invierno se embozan[46] con la lira;
¡Ladridos de los perros a la luna!

45. «Hacerse cruces» es un modismo familiar por «admirarse.»
46. «Embozarse» es cubrirse el rostro con la capa para evitar el frío o ser reconocido.

Tú sabes y yo sé que, en esta vida,
con genio es muy contado el que la escribe
y con oro cualquiera hace poesía.

XXVII
(63)

[Duerme]

Despierta, tiemblo al mirarte;
dormida, me atrevo a verte;
por eso, alma de mi alma,
yo velo mientras tú duermes.

Despierta, ríes y al reír tus labios
        inquietos me parecen
relámpagos de grana que serpean
        sobre un cielo de nieve.

    Dormida, los extremos de tu boca
        pliega sonrisa leve,
suave como el rastro luminoso
        que deja un sol que muere.
            ¡Duerme!

Despierta, miras y, al mirar, tus ojos
        húmedos resplandecen,
como la onda azul en cuya cresta
        chispeando el sol hiere.

Al través de tus párpados, dormida,
        tranquilo fulgor vierten,

cual derrama de luz, templado rayo,
lámpara trasparente.
¡Duerme!

Despierta, hablas y, al hablar, vibrantes
tus palabras parecen
lluvia de perlas que en dorada copa
se derrama a torrentes.

Dormida, en el murmullo de tu aliento
acompasado y tenue,
escucho yo un poema que mi alma
enamorada entiende.
¡Duerme!

Sobre el corazón la mano
me he puesto porque no suene
su latido y de la noche
turbe la calma solemne.

De tu balcón las persianas
cerré ya porque no entre
el resplandor enojoso
de la aurora y te despierte,
¡Duerme!

XXVIII
(58)

Cuando, entre la sombra oscura,
perdida una voz murmura
turbando su triste calma,

si en el fondo de mi alma
la oigo dulce resonar,
    dime: ¿es que el viento en sus giros
se queja, o que tus suspiros
me hablan de amor al pasar?

    Cuando el sol en mi ventana
rojo brilla a la mañana,
y mi amor tu sombra evoca,
si en mi boca de otra boca
sentir creo la impresión,
    dime: ¿es que ciego deliro,
o que un beso en un suspiro
me envía tu corazón?

    Y en el luminoso día,
y en la alta noche sombría,
si en todo cuanto rodea
al alma que te desea,
te creo sentir y ver,
    dime: ¿es que toco y respiro
soñando, o que en un suspiro
me das tu aliento a beber?

XXIX
(53)

[la bocca mi baciò tutto tremante.]

[Dante, *Commedia*, Inf., V., 136.]

Sobre la falda tenía
el libro abierto;

en mi mejilla tocaban
        sus rizos negros;
no veíamos las letras
        ninguno creo;
y sin embargo guardábamos
        hondo silencio.
¿Cuánto duró? Ni aun entonces
        pude saberlo.
Solo sé que no se oía
        más que el aliento,
que apresurado escapaba
        del labio seco.
Solo sé que nos volvimos
        los dos a un tiempo,
y nuestros ojos se hallaron
        ¡y sonó un beso!

*

Creación de Dante era el libro;
        era su *Infierno*,
Cuando a él bajamos los ojos,
        yo dije trémulo:
—¿Comprendes ya que un poema
        cabe en un verso?
Y ella respondió encendida:
        —¡Ya lo comprendo!

III

¡Tarde lo conoce [el que la mujer sea ingrata y estúpida, al tiempo que hermosa], cuando ya se siente engañado y descubre dentro de un pecho tan fino y suave, un corazón nido de sierpes, en el cual no hay una fibra que al amor responda! [Rima XXXIX] Aquí, en medio de sus dolores, llega el poeta a la desesperación.

(Rodríguez Correa).

XXX
(40)

Asomaba a sus ojos una lágrima
y a mi labio una frase de perdón;
habló el orgullo y se enjugó su llanto,
y la frase en mis labios expiró.

Yo voy por un camino; ella, por otro;
pero, al pensar en nuestro mutuo amor,

yo digo aún: —¿Por qué callé aquel día?
Y ella dirá: —¿Por qué no lloré yo?

XXXI
(30)

Nuestra pasión fue un trágico sainete,
en cuya absurda fábula,
lo cómico y lo grave confundidos,
risas y llanto arrancan.
Pero fue lo peor de aquella historia
que, al fin de la jornada,
a ella tocaron lágrimas y risas,
y a mí, solo las lágrimas.

XXXII
(73)

Pasaba arrolladora en su hermosura
y el paso le dejé;
ni aun a mirarla me volví, y, no obstante,
algo a mi oído murmuró: —Esa es.

¿Quién reunió la tarde a la mañana?
Lo ignoro; solo sé
que en una breve noche de verano
se unieron los crepúsculos, y... fue.

XXXIII
(69)

Es cuestión de palabras y, no obstante,
ni tú ni yo jamás,
después de lo pasado, convendremos
en quién la culpa está.

¡Lástima que el Amor un diccionario
no tenga donde hallar
cuándo el orgullo es simplemente orgullo
y cuándo es dignidad!

XXXIV
(65)

Cruza callada, y son sus movimientos
silenciosa armonía;
suenan sus pasos, y al sonar recuerdan
del himno alado la cadencia rítmica.

Los ojos entreabre, aquellos ojos
tan claros como el día;
y la tierra y el cielo, cuanto abarcan,
arden con nueva luz en sus pupilas.

Ríe, y su carcajada tiene notas
del agua fugitiva;
llora, y es cada lágrima un poema
de ternura infinita.

Ella tiene la luz, tiene el perfume,
el color y la línea,
la forma engendradora de deseos,
la expresión, fuente eterna de poesía.

¿Que es estúpida? ¡Bah! Mientras callando
guarde oscuro el enigma,
siempre valdrá lo que yo creo que calla
más que lo que cualquiera otra me diga.

XXXV
(78)

¡No me admiró tu olvido! Aunque, de un día,
me admiró tu cariño mucho más;
porque lo que hay en mí que vale algo,
eso... ni lo pudiste sospechar.

XXXVI
(54)

Si de nuestros agravios en un libro
se escribiese la historia
y se borrase en nuestras almas cuanto
se borrase en sus hojas,

¡te quiero tanto aún! ¡Dejó en mi pecho
tu amor huellas tan hondas,
que solo con que tú borrases una,
las borraba yo todas!

XXXVII

(28)

Antes que tú me moriré; escondido
en las entrañas ya
el hierro llevo con que abrió tu mano
la ancha herida mortal.

Antes que tú me moriré; y mi espíritu,
en su empeño tenaz,
se sentará a las puertas de la muerte,
esperándote allá.

Con las horas los días, con los días
los años volarán,
y a aquella puerta llamarás al cabo...
¿Quién deja de llamar?

Entonces, que tu culpa y tus despojos
la tierra guardará,
lavándote en las ondas de la muerte
como en otro Jordán;[47]

allí donde el murmullo de la vida
temblando a morir va,
como la ola que a la playa viene
silenciosa a expirar;

47. Río en el que fue bautizado Cristo (San Mateo 3, 13-16) y
que se emplea para designar el lugar o las circunstancias por las que
alguien se purifica de las culpas.

allí donde el sepulcro que se cierra
abre una eternidad,
todo cuanto los dos hemos callado,
allí lo hemos de hablar.

XXXVIII
(4)

Los suspiros son aire, y van al aire.
Las lágrimas son agua, y van al mar.
Dime, mujer, cuando el amor se olvida,
¿sabes tú adónde va?

XXXIX
(75)

¿A qué me lo decís? Lo sé: es mudable,
es altanera y vana y caprichosa;
antes que el sentimiento de su alma,
brotará el agua de la estéril roca.

Sé que en su corazón, nido de sierpes,
no hay una fibra que al amor responda;
que es una estatua inanimada…, pero…
¡es tan hermosa!

XL
(66)

Su mano entre mis manos,
sus ojos en mis ojos,

la amorosa cabeza
apoyada en mi hombro,
Dios sabe cuántas veces
con paso perezoso
hemos vagado juntos
bajo los altos olmos
que de su casa prestan
misterio y sombra al pórtico.

*

Y ayer... un año apenas,
pasado como un soplo,
¡con qué exquisita gracia,
con qué admirable aplomo,
me dijo al presentarnos
un amigo oficioso:
—¡Creo que en alguna parte
he visto a usted! ¡Ah, bobos,
que sois de los salones
comadres[48] de buen tono,
y andabais allí a caza
de galantes embrollos:
qué historia habéis perdido,
qué manjar tan sabroso
para ser devorado
sotto voce en un corro,
detrás del abanico
de plumas y de oro...!

48. Término despectivo del lenguaje popular para designar a
las correveidiles gesticulantes.

Discreta y casta luna,
copudos y altos olmos,
paredes de su casa,
umbrales de su pórtico,
callad, y que el secreto
no salga de vosotros.
Callad, que por mi parte
yo lo he olvidado todo;
y ella... ella, no hay máscara
semejante a su rostro.

XLI
(26)

Tú eras el huracán, y yo la alta
torre que desafía su poder.
¡Tenías que estrellarte o que abatirme...!
¡No pudo ser!

Tú eras el océano; y yo la enhiesta
roca que firme aguarda su vaivén.
¡Tenías que romperte o que arrancarme...!
¡No pudo ser!

Hermosa tú, yo altivo; acostumbrados
uno a arrollar, el otro a no ceder;
la senda estrecha, inevitable el choque...
¡No pudo ser!

XLII
(16)

Cuando me lo contaron, sentí el frío
de una hoja de acero en las entrañas;
me apoyé contra el muro, y un instante
la conciencia perdí de donde estaba.

Cayó sobre mi espíritu la noche,
en ira y en piedad se anegó el alma.
¡Y entonces comprendí por qué se llora,
y entonces comprendí por qué se mata!

Pasó la nube de dolor... Con pena
logré balbucear breves palabras...
¿Quién me dio la noticia?... Un fiel amigo...
Me hacía un gran favor... Le di las gracias.

XLIII
(34)

Dejé la luz a un lado, y en el borde
de la revuelta cama me senté,
mudo, sombrío, la pupila inmóvil
        clavada en la pared.

¿Qué tiempo estuve así? No sé; al dejarme
la embriaguez horrible del dolor,
expiraba la luz y en mis balcones
        reía el sol.

Ni sé tampoco en tan terribles horas
en qué pensaba o qué pasó por mí:
solo recuerdo que lloré y maldije,
y que en aquella noche envejecí.

XLIV
(10)

Como en un libro abierto
leo de tus pupilas en el fondo.
¿A qué fingir el labio
risas que se desmienten con los ojos?

¡Llora! No te avergüences
de confesar que me quisiste un poco.
¡Llora! Nadie nos mira.
Ya ves: yo soy un hombre... y también lloro.

XLV
(3)

En la clave[49] del arco ruinoso
cuyas piedras el tiempo enrojeció,
obra de cincel rudo campeaba[50]
el gótico blasón.[51]

---

49. «Piedra que cierra en lo alto el arco.»
50. «Aparecer destacándose de una manera visible algo.»
51. «Escudo de armas medieval», aquí gótico, pues era el estilo
de moda en estos casos.

Penacho[52] de su yelmo[53] de granito,
la yedra que colgaba en derredor
daba sombra al escudo en que una mano
tenía un corazón.

A contemplarle en la desierta plaza
nos paramos los dos;
—Y ese —me dijo— es el cabal emblema
de mi constante amor.

¡Ay! Es verdad lo que me dijo entonces;
verdad que el corazón
lo llevará en la mano..., en cualquier parte...
pero en el pecho, no.

XLVI
(77)

Me ha herido recatándose en las sombras,
sellando con un beso su traición.
Los brazos me echó al cuello, y, por la espalda,
partióme a sangre fría el corazón.

Y ella prosigue alegre su camino,
feliz, risueña, impávida. ¿Y por qué?
Porque no brota sangre de la herida.
Porque el muerto está en pie.

52. «Adorno de plumas.»
53. «Casco», parte de la armadura, puesto aquí encima del escudo que se describe, que contiene la figura simbólica de una mano que sostiene un corazón.

Yo me he asomado a las profundas simas
de la tierra y del cielo,
y les he visto el fin o con los ojos
o con el pensamiento.

Mas ¡ay! de un corazón llegué al abismo
y me incliné un momento,
y mi alma y mis ojos se turbaron:
¡Tan hondo era y tan negro!

XLVIII
(1)

Como se arranca el hierro de una herida
su amor de las entrañas me arranqué;
aunque sentí al hacerlo que la vida
¡me arrancaba con él!

Del altar que le alcé en el alma mía,
la voluntad su imagen arrojó;
y la luz de la fe que en ella ardía
ante el ara desierta se apagó.

Aún, para combatir mi firme empeño,
viene a mi mente su visión tenaz...
¡Cuándo podré dormir con ese sueño
en que acaba el soñar!

XLIX
(14)

Alguna vez la encuentro por el mundo,
      y pasa junto a mí;
y pasa sonriéndose, y yo digo:
      —¿Cómo puede reír?

Luego asoma a mi labio otra sonrisa,
      máscara del dolor,
y entonces pienso: —Acaso ella se ríe,
      como me río yo.

L
(12)

Lo que el salvaje que con torpe mano
hace de un tronco a su capricho un dios,
y luego ante su obra se arrodilla,
      eso hicimos tú y yo.

Dimos formas reales a un fantasma,
de la mente, ridícula invención,
y hecho el ídolo ya, sacrificamos
      en su altar nuestro amor.

LI
(70)

De lo poco de vida que me resta,
diera con gusto los mejores años,

por saber lo que a otros
de mí has hablado.

Y esta vida mortal, y de la eterna
lo que me toque, si me toca algo,
por saber lo que a solas
de mí has pensado.

IV

Pero cuando esta [la desesperación] le lleva ya al punto en que se pierde toda esperanza, él se detiene espontáneamente, medita en silencio y aceptando por último su parte de dolor en el dolor común, prosigue su camino, triste, profundamente herido, pero resignado; con el corazón hecho pedazos, pero con los ojos fijos en algo que se le revela como reminiscencia del arte, a cuyo impulso brotaron sus sentimientos.

Piensa en lo solos que se quedan los muertos [Rima LXXIII] y siente dentro de la religión de su infancia un nuevo amor, que únicamente pueden sentir los que sufren mucho y jamás se curan; un amor ideal, puro, que no puede morir ni aun con la muerte, que más bien la desea, porque es tranquilo como ella; ¡como ella, callado y eterno! Se enamora de la estatua de un sepulcro, es decir, del arte, de la belleza ideal, que es el póstumo amor, para siempre duradero, por lo mismo que nunca se ve por completo correspondido.

(Rodríguez Correa).

LII
(35)

Olas gigantes que os rompéis bramando
en las playas desiertas y remotas,
envuelto entre la sábana de espumas,
¡llevadme con vosotras!

Ráfagas de huracán que arrebatáis
del alto bosque las marchitas hojas,
arrastrado en el ciego torbellino,
¡llevadme con vosotras!

Nubes de tempestad que rompe el rayo
y en fuego encienden las sangrientas orlas,
arrebatado entre la niebla oscura,
¡llevadme con vosotras!

Llevadme, por piedad, a donde el vértigo
con la razón me arranque la memoria.
¡Por piedad! ¡Tengo miedo de quedarme
con mi dolor a solas!

LIII
(38)

Volverán las oscuras golondrinas
en tu balcón sus nidos a colgar,
y otra vez con el ala a sus cristales
jugando llamarán.

Pero aquellas que el vuelo refrenaban
tu hermosura y mi dicha a contemplar,
aquellas que aprendieron nuestros nombres...
        ¡esas... no volverán!

Volverán las tupidas madreselvas
de tu jardín las tapias a escalar,
y otra vez a la tarde aún más hermosas
        sus flores se abrirán.

Pero aquellas, cuajadas de rocío
cuyas gotas mirábamos temblar
y caer como lágrimas del día...
        ¡esas... no volverán!

Volverán del amor en tus oídos
las palabras ardientes a sonar,
tu corazón de su profundo sueño
        tal vez despertará.

Pero mudo y absorto y de rodillas
como se adora a Dios ante su altar,
como yo te he querido...; desengáñate,
        ¡así... no te querrán!

LIV
(36)

Cuando volvemos las fugaces horas
        del pasado a evocar,
temblando brilla en sus pestañas negras
una lágrima pronta a resbalar.

Y, al fin, resbala y cae como gota
de rocío al pensar
que cual hoy por ayer, por hoy mañana,
volveremos los dos a suspirar.

LV
(9)

Entre el discorde estruendo de la orgía
acarició mi oído,
como nota de música lejana,
el eco de un suspiro.

El eco de un suspiro que conozco,
formado de un aliento que he bebido,
perfume de una flor que oculta crece
en un claustro sombrío.

Mi adorada de un día, cariñosa,
—¿En qué piensas? —me dijo.
—En nada... —En nada, ¿y lloras? —Es que tengo
alegre la tristeza y triste el vino.

LVI
(20)

Hoy como ayer, mañana como hoy,
¡y siempre igual!
Un cielo gris, un horizonte eterno
y andar... andar.

Moviéndose a compás, como una estúpida
máquina, el corazón.
La torpe inteligencia del cerebro,
dormida en un rincón.

El alma, que ambiciona un paraíso,
buscándole sin fe,
fatiga sin objeto, ola que rueda
ignorando por qué.

Voz que, incesante, con el mismo tono,
canta el mismo cantar,
gota de agua monótona que cae
y cae, sin cesar.

Así van deslizándose los días,
unos de otros en pos;
hoy lo mismo que ayer...; y todos ellos,
sin gozo ni dolor.

¡Ay, a veces me acuerdo suspirando
del antiguo sufrir!
Amargo es el dolor, ¡pero siquiera
padecer es vivir!

LVII
(32)

Este armazón[54] de huesos y pellejos,
de pasear una cabeza loca

54. Palabra más propia del lenguaje técnico de la construcción
que, sin embargo, aquí se aplica para designar el cuerpo desgarba-
do del poeta de la cabeza loca.

se halla cansado al fin, y no lo extraño,
pues, aunque es la verdad que no soy viejo,

de la parte de vida que me toca
en la vida del mundo, por mi daño
he hecho un uso tal, que juraría
que he condensado un siglo en cada día.

    Así, aunque ahora muriera,
no podría decir que no he vivido;
que el sayo,[55] al parecer nuevo por fuera,
conozco que por dentro ha envejecido.

    Ha envejecido, sí, ¡pese a mi estrella!
Harto lo dice ya mi afán doliente,
que hay dolor que, al pasar su horrible huella,
graba en el corazón, si no en la frente.

LVIII
(8)

    ¿Quieres que, de ese néctar[56] delicioso,
        no te amargue la hez?[57]
    Pues aspírale, acércale a tus labios
        y déjale después.

55. Es palabra en desuso, propia del lenguaje del campo, ar-
caísmo familiar aquí usado por vestido.
56. «Bebida de dioses o licor elegante.»
57. «Sedimento de impurezas o desechos del cuerpo.»

¿Quieres que conservemos una dulce
memoria de este amor?
Pues amémonos hoy mucho, y mañana
digámonos: —¡Adiós!

LIX
(17)

Yo sé cuál el objeto
de tus suspiros es;
yo conozco la causa
                    de tu dulce
secreta languidez,
¿Te ríes?... Algún día
sabrás, niña, por qué:
Tú lo sabes apenas,
                    y yo lo sé.

Yo sé cuándo tú sueñas,
y lo que en sueños ves;
como en un libro, puedo
                    lo que callas
en tu frente leer.
¿Te ríes?... Algún día.
sabrás, niña, por qué,
Tú lo sabes apenas,
                    y yo lo sé.

Yo sé por qué sonríes
y lloras a la vez;
yo penetro en los senos
                    misteriosos

de tu alma de mujer.
¿Te ríes?... Algún día
sabrás, niña, por qué;
mientras tú sientes mucho
                y nada sabes,
yo, que no siento ya,
                todo lo sé.

LX
(41)

Mi vida es un erial.
flor que toco se deshoja;
que en mi camino fatal
alguien va sembrando el mal
para que yo lo recoja.

LXI
(45)

[*Melodía*.
    Es muy triste morir joven, y no contar
con una sola lágrima de mujer.]

Al ver mis horas de fiebre
e insomnio lentas pasar,
a la orilla de mi lecho,
        ¿quién se sentará?

Cuando la trémula mano
tienda, próximo a expirar,

buscando una mano amiga,
　　　¿quién la estrechará?

Cuando la muerte vidríe
de mis ojos el cristal,
mis párpados aún abiertos,
　　　¿quién los cerrará?

Cuando la campana suene
(si suena en mi funeral)
una oración, al oírla,
　　　¿quién murmurará?

Cuando mis pálidos restos
oprima la tierra ya,
sobre la olvidada fosa,
　　　¿quién vendrá a llorar?

¿Quién, en fin, al otro día,
cuando el sol vuelva a brillar,
de que pasé por el mundo,
　　　quién se acordará?

LXII
(56)

[Al amanecer]

Primero es un albor trémulo y vago,
raya de inquieta luz que corta el mar;
luego chispea y crece y se dilata
en ardiente explosión de claridad.

La brilladora lumbre es la alegría,
la temerosa sombra es el pesar.
¡Ay! ¿En la oscura noche de mi alma,
cuándo amanecerá?

LXIII
(68)

Como enjambre de abejas irritadas,
de un oscuro rincón de la memoria
salen a perseguirme los recuerdos
de las pasadas horas.

Yo los quiero ahuyentar. ¡Esfuerzo inútil!
Me rodean, me acosan,
y unos tras otros a clavarme vienen
el agudo aguijón que el alma encona.

LXIV
(64)

Como guarda el avaro su tesoro,
guardaba mi dolor;
quería probar que hay algo eterno
a la que eterno me juró su amor.

Mas hoy le llamo en vano y oigo, al tiempo
que le acabó, decir:
—¡Ah, barro miserable, eternamente
no podrás ni aun sufrir!

LXV
(47)

Llegó la noche y no encontré un asilo;
y tuve sed...; mis lágrimas bebí.
¡Y tuve hambre! ¡Los hinchados ojos
      cerré para morir!

    ¿Estaba en un desierto? Aunque a mi oído
de la turba llegaba el ronco hervir,
yo era huérfano y pobre... El mundo estaba
      desierto... ¡para mí!

LXVI
(67)

¿De dónde vengo?... El más horrible y áspero
    de los senderos busca;
las huellas de unos pies ensangrentados
    sobre la roca dura;
los despojos de un alma hecha jirones
    en las zarzas agudas,
    te dirán el camino
    que conduce a mi cuna.

    ¿Adónde voy? El más sombrío y triste
    de los páramos cruza,
valle de eternas nieves y de eternas
    melancólicas brumas;
en donde esté una piedra solitaria,
    sin inscripción alguna,
    donde habite el olvido,
    allí estará mi tumba.

LXVII
(18)

¡Qué hermoso es ver el día
coronado de fuego levantarse,
y, a su beso de lumbre,[58]
brillar las olas y encenderse el aire!

¡Qué hermoso es tras la lluvia
del triste otoño en la azulada tarde,
de las húmedas flores
el perfume aspirar hasta saciarse!

¡Qué hermoso es cuando en copos
la blanca nieve silenciosa cae,
de las inquietas llamas
ver las rojizas lenguas agitarse!

Qué hermoso es, cuando hay sueño,
dormir bien... y roncar como un sochantre[59]
y comer... y engordar... ¡Y qué desgracia
que esto solo no baste!

LXVIII
(61)

No sé lo que he soñado
en la noche pasada.

58. Luz que procede del fuego y el fuego mismo. Es voz de uso
frecuente en Andalucía.

59. El que dirige el coro en las iglesias. Era común que se le
tuviera por persona bien alimentada y opulenta en carnes.

Triste, muy triste debió ser el sueño,
pues despierto la angustia me duraba.

Noté al incorporarme
húmeda la almohada,
y por primera vez sentí al notarlo
de un amargo placer henchirse el alma.

Triste cosa es el sueño
que llanto nos arranca,
mas tengo en mi tristeza una alegría...
¡Sé que aún me quedan lágrimas!

LXIX
(49)

[¡La vida es sueño!
Calderón.]

Al brillar un relámpago nacemos,
y aún dura su fulgor cuando morimos:
¡tan corto es el vivir!
La Gloria y el Amor tras que corremos
sombras de un sueño son que perseguimos;
¡despertar es morir!

LXX
(59)

¡Cuántas veces, al pie de las musgosas
paredes que la guardan,

oí la esquila[60] que al mediar la noche
a los maitines[61] llama!

¡Cuántas veces trazó mi silueta
la luna plateada,
junto a la del ciprés, que de su huerto
se asoma por las tapias!

Cuando en sombras la iglesia se envolvía,
de su ojiva calada,
¡cuántas veces temblar sobre los vidrios
vi el fulgor de la lámpara!

Aunque el viento en los ángulos oscuros
de la torre silbara,
del coro entre las voces percibía
su voz vibrante y clara.

En las noches de invierno, si un medroso
por la desierta plaza
se atrevía a cruzar, al divisarme
el paso aceleraba.

Y no faltó una vieja que en el torno
dijese a la mañana,
que de algún sacristán muerto en pecado
acaso era yo el alma.

60. «La campana del régimen interior de la comunidad» que
llama a los oficios.
61. «La primera hora canónica que se reza antes del amanecer.»

A oscuras conocía los rincones
del atrio y la portada;
de mis pies las ortigas que allí crecen
las huellas tal vez guardan.

Los búhos, que espantados me seguían
con sus ojos de llamas,
llegaron a mirarme con el tiempo
como a un buen camarada.
A mi lado sin miedo los reptiles
se movían a rastras;
hasta los mudos santos de granito
creo que me saludaban.

LXXI
(76)

No dormía: vagaba en ese limbo
en que cambian de forma los objetos,
misteriosos espacios que separan
la vigilia del sueño.

Las ideas que en ronda silenciosa
daban vueltas en torno a mi cerebro,
poco a poco en su danza se movían
con un compás más lento.

De la luz que entra al alma por los ojos
los párpados velaban el reflejo;
mas otra luz el mundo de visiones
alumbraba por dentro.

En este punto resonó en mi oído
un rumor semejante al que en el templo
vaga confuso al terminar los fieles
con un *Amén* sus rezos.

Y oí como una voz delgada y triste
que por mi nombre me llamó a lo lejos,
¡y sentí olor de cirios apagados,
de humedad y de incienso!

Entró la noche y del olvido en brazos
caí cual piedra en su profundo seno.
Dormí y al despertar exclamé: —¡Alguno
que yo quería ha muerto!

LXXII
(5)

Primera voz

Las ondas tienen vaga armonía,
las violetas suave olor,
brumas de plata la noche fría,
luz y oro el día;
yo algo mejor;
¡Yo tengo *Amor*!

Segunda voz

Aura de aplausos, nube radiosa,
ola de envidia que besa el pie,
isla de sueños donde reposa

el alma ansiosa,
dulce embriaguez:
¡la *Gloria* es!

Tercera voz

Ascua encendida es el tesoro,
sombra que huye la vanidad.
Todo es mentira: la gloria, el oro;
lo que yo adoro
solo es verdad:
¡la *Libertad*!

*

Así los barqueros pasaban cantando
la eterna canción
y, al golpe del remo, saltaba la espuma
y heríala el sol.

—¿Te embarcas?, gritaban; y yo sonriendo
les dije al pasar:
—Yo ya me he embarcado; por señas que aún tengo
la ropa en la playa tendida a secar.

LXXIII
(71)

Cerraron sus ojos
que aún tenía abiertos,
taparon su cara
con un blanco lienzo,

y unos sollozando,
otros en silencio,
de la triste alcoba
todos se salieron.

La luz que en un vaso
ardía en el suelo,
al muro arrojaba
la sombra del lecho;
y entre aquella sombra
veíase a intérvalos
dibujarse rígida
la forma del cuerpo.

Despertaba el día,
y, a su albor primero,
con sus mil ruidos,
despertaba el pueblo.
Ante aquel contraste
de vida y misterio,
de luz y tinieblas,
yo pensé un momento:

—*¡Dios mío, qué solos
se quedan los muertos!*

*

De la casa, en hombros,
lleváronla al templo
y en una capilla
dejaron el féretro.
Allí rodearon

sus pálidos restos
de amarillas velas
y de paños negros.

Al dar de las Ánimas,
el toque postrero,
acabó una vieja
sus últimos rezos;
cruzó la ancha nave,
las puertas gimieron,
y el santo recinto
quedóse desierto.

De un reloj se oía
compasado el péndulo,
y de algunos cirios
el chisporroteo.
Tan medroso y triste,
tan oscuro y yerto,
todo se encontraba
que pensé un momento:

—*¡Dios mío, qué solos*
se quedan los muertos!

*

De la alta campana
la lengua de hierro
le dio volteando
su adiós lastimero.
El luto en las ropas,
amigos y deudos

cruzaron en fila
formando el cortejo.

Del último asilo,
oscuro y estrecho,
abrió la piqueta
el nicho a un extremo.
Allí la acostaron,
tapiáronle luego
y con un saludo
despidióse el duelo.

La piqueta al hombro
el sepulturero,
cantando entre dientes,
se perdió a lo lejos.
La noche se entraba,
reinaba el silencio;
perdido en las sombras,
yo pensé un momento:

—*¡Dios mío, qué solos*
se quedan los muertos!

*

En las largas noches
del helado invierno,
cuando las maderas
crujir hace el viento
y azota los vidrios
el fuerte aguacero,

de la pobre niña
a veces me acuerdo.

Allí cae la lluvia
con un son eterno;
allí la combate
el soplo del cierzo.
Del húmedo muro
tendido en el hueco,
¡acaso de frío
se hielan sus huesos...!

*

¿Vuelve el polvo al polvo?
¿Vuela el alma al cielo?
¿Todo es sin espíritu,
podredumbre y cieno?
No sé; pero hay algo
que explicar no puedo,
algo que repugna
aunque es fuerza hacerlo,
a dejar tan tristes,
tan solos los muertos.

LXXIV
(24)

Las ropas desceñidas,
desnudas las espadas,
en el dintel de oro de la puerta
dos ángeles velaban.

Me aproximé a los hierros
que defienden la entrada,
y de las dobles rejas en el fondo
la vi confusa y blanca.

La vi como la imagen
que en leve ensueño pasa,
como rayo de luz tenue y difuso
que entre tinieblas nada.

Me sentí de un ardiente
deseo llena el alma;
como atrae un abismo, aquel misterio
hacia sí me arrastraba.

Mas ¡ay! que, de los ángeles,
parecían decirme las miradas:
—El umbral de esta puerta
solo Dios lo traspasa.

LXXV
(23)

¿Será verdad que, cuando toca el sueño,
con sus dedos de rosa, nuestros ojos,
de la cárcel que habita huye el espíritu
en vuelo presuroso?

¿Será verdad que, huésped de las nieblas,
de la brisa nocturna al tenue soplo,
alado sube a la región vacía
a encontrarse con otros?

¿Y allí desnudo de la humana forma,
allí los lazos terrenales rotos,
breves horas habita de la idea
el mundo silencioso?

¿Y ríe y llora y aborrece y ama
y guarda un rastro del dolor y el gozo,
semejante al que deja cuando cruza
el cielo un meteoro?

Yo no sé si ese mundo de visiones
vive fuera o va dentro de nosotros.
Pero sé que conozco a muchas gentes
a quienes no conozco.

LXXVI
(74)

En la imponente nave
del templo bizantino,
vi la gótica tumba a la indecisa
luz que temblaba en los pintados vidrios.

Las manos sobre el pecho,
y en las manos un libro,
una mujer hermosa reposaba
sobre la urna, del cincel prodigio.

Del cuerpo abandonado,
al dulce peso hundido,
cual si de blanda pluma y raso fuera,
se plegaba su lecho de granito.

De la sonrisa última
el resplandor divino
guardaba el rostro, como el cielo guarda
del sol que muere el rayo fugitivo.

Del cabezal de piedra
sentados en el filo,
dos ángeles, el dedo sobre el labio,
imponían silencio en el recinto.

No parecía muerta;
de los arcos macizos
parecía dormir en la penumbra,
y que en sueños veía el paraíso.

Me acerqué de la nave
al ángulo sombrío
con el callado paso que llegamos
junto a la cuna donde duerme un niño.

La contemplé un momento,
y aquel resplandor tibio,
aquel lecho de piedra que ofrecía
próximo al muro otro lugar vacío,

en el alma avivaron
la sed de lo infinito,
el ansia de esa vida de la muerte
para la que un instante son los siglos...

*

Cansado del combate
en que luchando vivo,
alguna vez me acuerdo con envidia
de aquel rincón oscuro y escondido.

De aquella muda y pálida
mujer me acuerdo y digo:
—¡Oh, qué amor tan callado, el de la muerte!
¡Qué sueño el del sepulcro, tan tranquilo!

44

Dices que tienes corazón, y solo
lo dices porque sientes sus latidos.
Eso no es corazón...; es una máquina,
que, al compás que se mueve, hace ruido.

48

Fingiendo realidades
con sombra vana,
delante del Deseo
va la Esperanza.
Y sus mentiras,
como el fénix, renacen
de sus cenizas.

Una mujer me ha envenenado el alma,
otra mujer me ha envenenado el cuerpo;
ninguna de las dos vino a buscarme,
yo de ninguna de las dos me quejo.

Como el mundo es redondo, el mundo rueda;
si mañana, rodando, este veneno
envenena a su vez ¿por qué acusarme?
¿Puedo dar más de lo que a mí me dieron?

AUSTRAL POESÍA es una colección que reúne las obras más emblemáticas de la poesía universal, indispensables en la biblioteca de cualquier lector, en una edición única.

TÍTULOS DE LA COLECCIÓN

Hijos de la ira, Dámaso Alonso
Rimas, Gustavo Adolfo Bécquer
Sonetos del portugués, Elizabeth Barrett Browning
Poemas, Emily Dickinson
Poeta en Nueva York, Federico García Lorca
El rayo que no cesa, Miguel Hernández
Diario de un poeta recién casado, Juan Ramón Jiménez
Soledades, Galerías y otros poemas, Antonio Machado
Cien sonetos de amor, Pablo Neruda
Antología poética, Alfonsina Storni
Hojas de hierba, Walt Whitman

AUSTRAL